© **Librairie Larousse, 1985.**

Librairie Larousse (Canada) limitée, propriétaire pour le
Canada des droits d'auteur et des marques de commerce
Larousse. - Distributeur exclusif au Canada : les Éditions
Françaises Inc., licencié quant aux droits d'auteur et usa-
ger inscrit des marques pour le Canada.

ISBN 2-03-651210-0

AGNÈS ROSENSTIEHL

LE LAROUSSE DES TOUT-PETITS

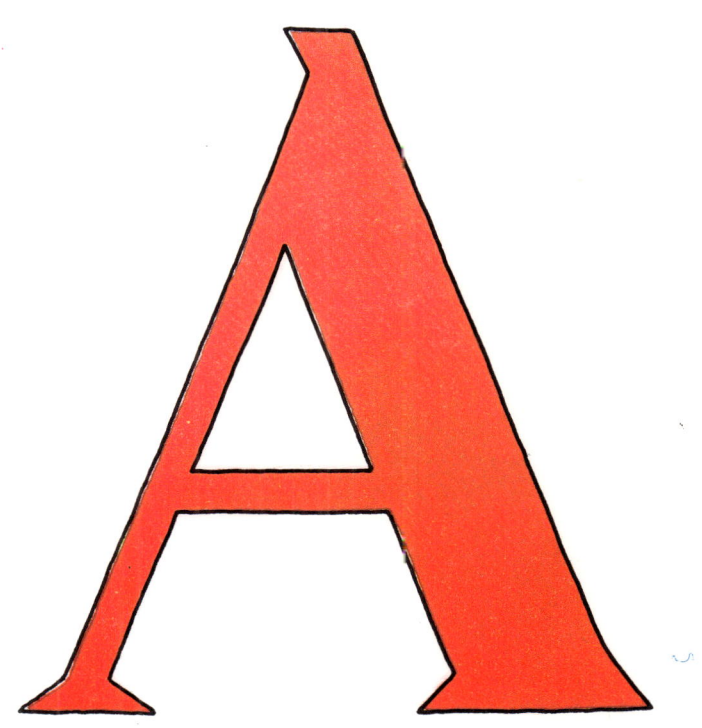

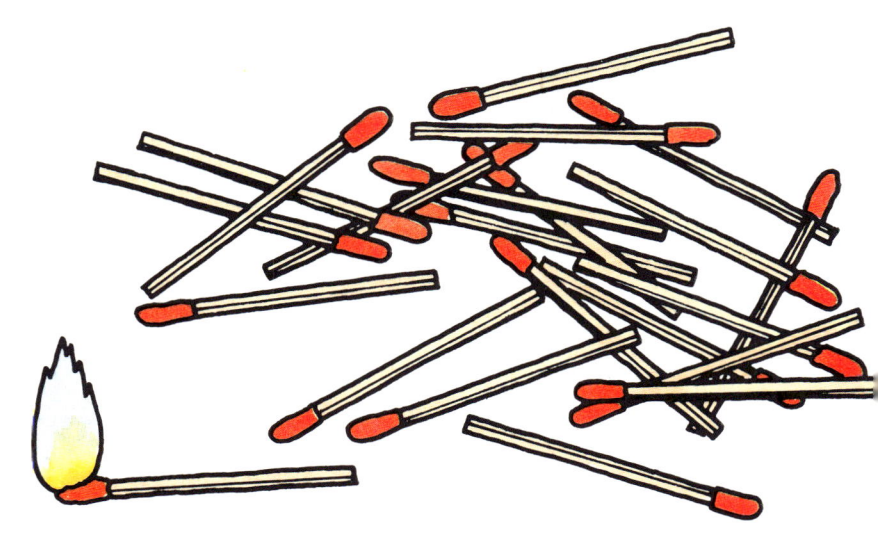

ALLUMETTE

Je frottais une allumette
pour regarder ma montre.

Marcel Proust

ANCRE

Un jour j'arracherai l'ancre
qui tient mon navire loin des mers.

Henri Michaux

ÂNE

Lève-toi maintenant
âne gris mon ami.

Jacques Prévert

ANGE

Voici un ange,
Un ange en blanc, un ange en bleu
Avec sa bouche et ses deux yeux.

Max Elskamp

ARBRE

C'est l'Arbre... immobile et vivant.
Il baigne dans le ciel,
il trempe dans le vent.

Fernard Gregh

Arc-en-ciel,
l'écharpe du tonnerre.

Jules Renard

ARMOIRE

Elle alla ouvrir une armoire
d'où elle tira
un gros morceau de fromage
et un pot de confiture.

Comtesse de Ségur

ASSIETTE

Des piles d'assiettes
en porcelaine épaisse,
à bords bleus.

Honoré de Balzac

AVION

L'avion au fond du ciel clair
Se promène dans les étoiles.

Lucie Delarue-Mardrus

BAIGNOIRE

Dans la baignoire ?
Il faut prendre son pain sans beurre
pour prendre son bain sans peur !

Joël Martin

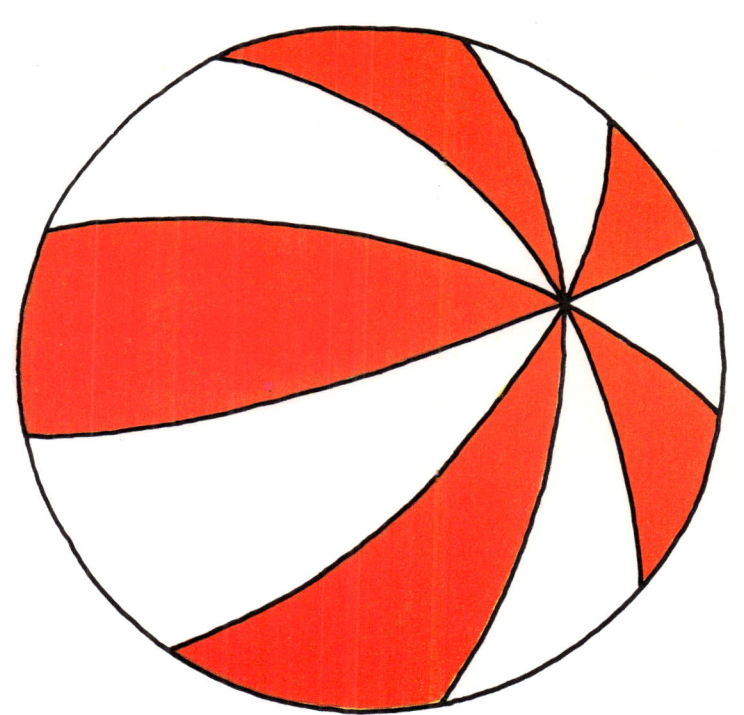

BALLON

Et voilà Paul
qui va chercher un gros ballon
et qui le lance.

Comtesse de Ségur

BANC

On ne peut plus s'asseoir,
tous les bancs sont mouillés.

Jules Laforgue

BARRIÈRE

Partout, entre les haies très vertes,
Des barrières étaient ouvertes.

Maurice Carême

BATEAU

Mon bateau partira demain
pour l'Amérique
Et je ne reviendrai jamais

Guillaume Apollinaire

BOTTE

Il flotte dans mes bottes
Comme il pleut sur la ville
Au diable cette flotte
Qui pénètre mes bottes

Guillaume Apollinaire

BOUCHE

La bouche,
ce joli nid de la voix.

Jules Renard

BOUILLOIRE

La vieille bouilloire en cuivre rouge ?
Celle qui tient cinq litres ?

Colette

BOUQUET

Je vous envoie un bouquet,
que ma main vient de trier
de ces fleurs.

Pierre de Ronsard

BRANCHE

Arbre...
À la plus basse de tes branches,
Je pends ma ceinture et mon sac.

Paul Valéry

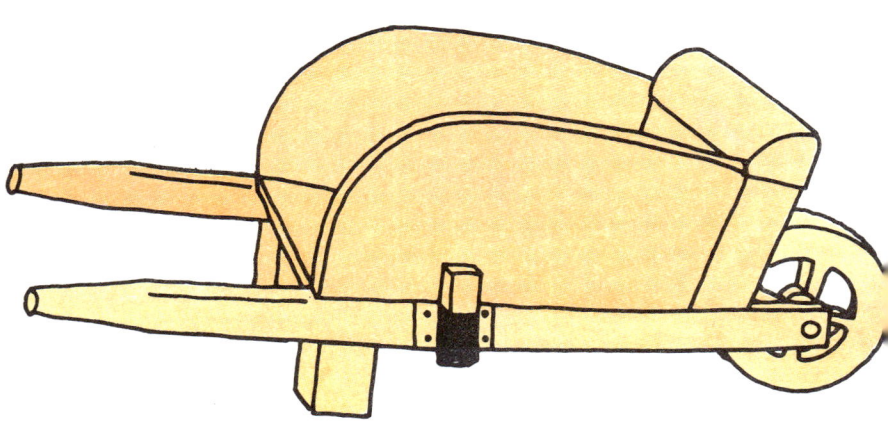

BROUETTE

Le poids de la brouette m'a entraîné
et j'ai versé toute la terre
qui était dedans.

Comtesse de Ségur

BUFFET

Un vieux buffet
qui sent la cire, la confiture,
la viande, le pain et les poires mûres.

Francis Jammes

BUREAU

Assis à mon bureau,
j'écris pendant des heures,
J'ai la main au travail
mais mon œil est rêveur.

Victor Hugo

CAFÉ

L'arôme du café
flotte dans la cuisine.

Robert Desnos

CAILLOU

Tous les cailloux que j'ai trouvés
au cours de mes expéditions.

René de Obaldia

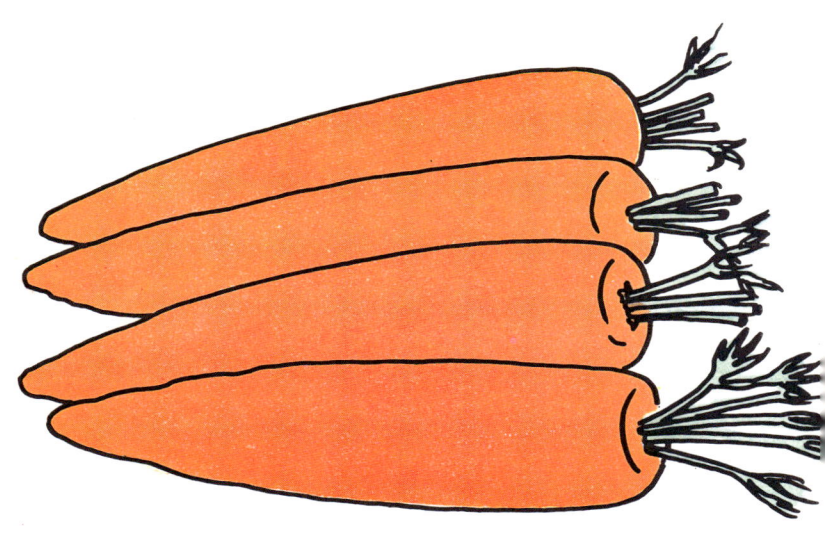

CAROTTE

Où allez-vous
Avec vos tas de carottes ?
Où allez-vous...

Robert Desnos

CARTABLE

Un sac à dos,
c'est pas un cartable.
Tes chaussures
c'est pas des patins à glace.

Augustin

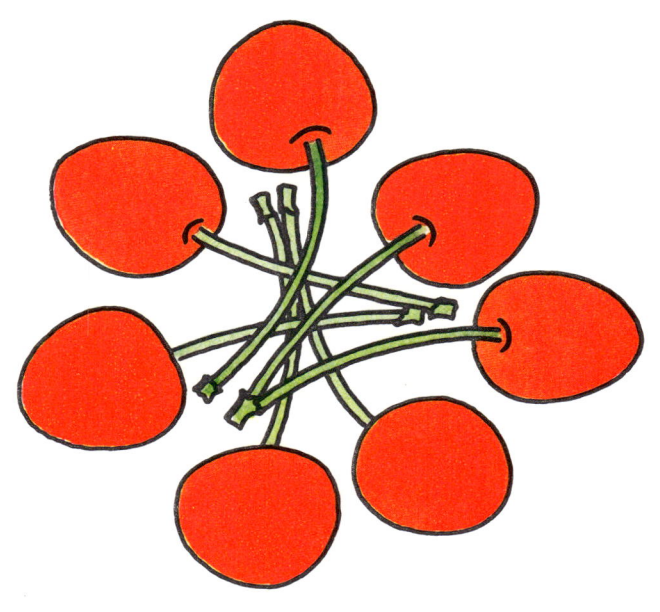

CERISE

J'aimerai toujours
le temps des cerises...

Jean-Baptiste Clément

CHAÏSE

En attendant
Sur la chaise où je suis assis.

Pierre Reverdy

CHAMPIGNON

Les champignons,
gros boutons de la prairie.

Jules Renard

CHAPEAU

Il ôte son chapeau
il remet son chapeau
chapeau pas de chapeau
pas de chapeau chapeau
et jamais de repos.

Jean Tardieu

CHAT

Le chat ...
la queue ramenée en crochet
sur ses pattes.

Jules Renard

CHÂTEAU

Vois le courant du fossé,
Autour du château mouillé.

Arthur Rimbaud

CHAUSSETTE

La chaussette
A perdu sa tête
Il n'y a plus qu'un pied
pour la consoler.

Andrée Chedid

CHEMINÉE

Chez moi, dit la petite fille,
Il y a trois cheminées
Et lorsque le feu pétille
On a chaud de trois côtés.

René de Obaldia

CHEVAL

Le cheval se promène
et la charrue le suit.

Jules Renard

CHEVEU

J'arrange mes cheveux
pour la nuit.

Maurice Maeterlinck

CHIEN

Un vieux chien,
un de ces chiens qui ressemblent
à des gens qu'on connaît.

Guy de Maupassant

CHOCOLAT

L'odeur de pain frais
et de chocolat fondu
passa sous la porte.

Colette

CIEL

Le ciel est par-dessus le toit
Si bleu, si calme !

Paul Verlaine

CLEF

Ma mère a pris les clefs
pour ouvrir toutes les portes.

Pierre Gamarra

CLOCHE

La cloche, dans le ciel qu'on voit
Doucement tinte.

Paul Verlaine

COCCINELLE

Les coccinelles agrafent des fleurs
à leurs mollets.

Paul Fort

COCHON

Un petit cochon
Pendu au plafond
Tirez-lui la queue
Il vous pondra des œufs.

comptine populaire

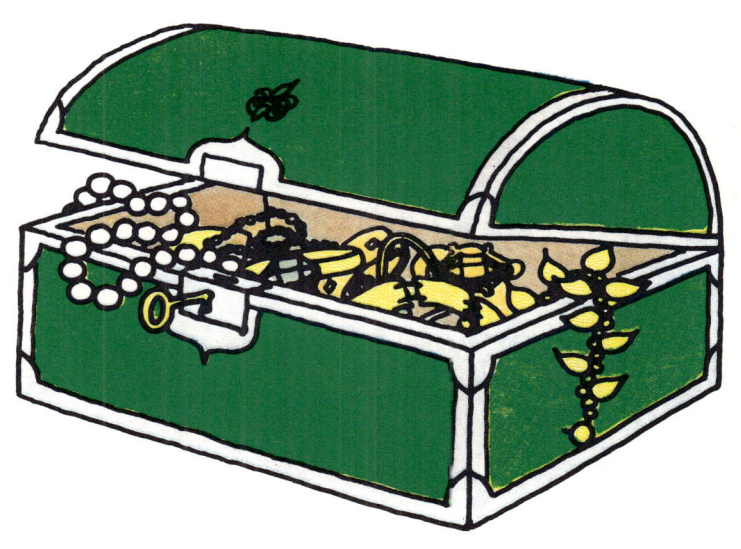

COFFRE

Il ouvrit le coffre :
c'était le trésor, à partager, pêle-mêle...
des bijoux... une pluie de perles...
une rivière de diamants...

Aloysius Bertrand

CONFITURE

J'ai trempé mon doigt
dans la confiture,
Turelure.

René de Obaldia

COQUELICOT

Un coquelicot fané
ne refleurit jamais.

Omar Khayam

COQUILLAGE

Ronfle coquillage
Où l'on entend tout le bruit de la mer.

Maurice Fombeure

COULEUR

Quelle couleur aimez-vous :
le bleu le vert le rouge
le jaune qui saute aux yeux
le violet qui endort ?

Jean Tardieu

COUTEAU

Le couteau
planté dans le beurre
s'incline...

Robert Desnos

CROCODILE

N'empêche que je veux savoir
ce que le crocodile mange pour dîner!

Rudyard Kipling

CULOTTE

Mon unique culotte
avait un large trou.

Arthur Rimbaud

DENT

Les dents, ça sert à mordre,
à mordre les gens qui nous embêtent!

Julie Vinson

DENTIFRICE

Au vent printanier
Je crache rouge
Le dentifrice.

Shiki

DRAPEAU

Il n'y a que le drapeau
pour être bleu blanc rouge.

Jacques Prévert

ÉCHELLE

Il était un grand mur blanc
— nu, nu, nu,
Contre le mur une échelle
— haute, haute, haute.

Charles Cros

ÉGLISE

Voilà l'église.
Je veux entrer
dans le château de Jésus.

Augustin

ÉLÉPHANT

Je ne suis pas un enfant
Je suis un gros éléphant

Jean Tardieu

ESCALIER

Un escalier se déroule
sous mes pas.

Robert Desnos

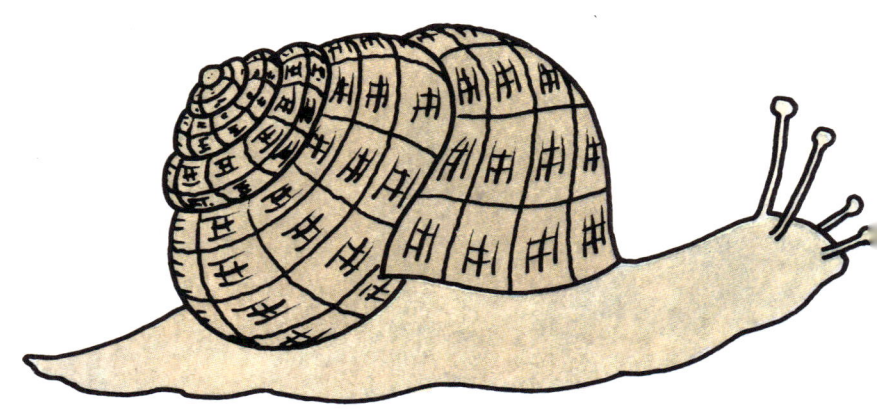

ESCARGOT

J'ai toujours aimé l'escargot
son pas frais luisant et sans bruit

Jacques Roubaud

ÉTOILE

Les étoiles brillent toujours
Et les yeux
Se sont remplis d'ombre.

Sully Prudhomme

ÉVENTAIL

Voici ton bel éventail
et tes souliers de bal.

Robert Desnos

FENÊTRE

Dans la vie,
il faut regarder par la fenêtre.

Eugène Ionesco

FEUILLE

Les larges feuilles des platanes
dégringolent.

Francis Carco

FLAMME

Comme la flamme danse bleue...
La flamme aux changeantes couleurs
rose, bleue, rouge, jaune,
blanche et violette.

Aloysius Bertrand

FLEUR

J'ai cueilli cette fleur pour toi
sur la colline

Guillaume Apollinaire

FROMAGE

Ah ! fromage voilà la bonne madame
Voilà la bonne madame au lait !

Benjamin Péret

FRUIT

Les fruits tomberont
tout autour de nous
Dès que l'on agitera les branches.

André Gide

FUSIL

Les hommes, dit le renard,
ils ont des fusils et ils chassent.

Antoine de Saint-Exupéry

GALETTE

J'aime la galette
Savez-vous comment ?
Quand elle est bien faite
Avec du beurre dedans.

chanson populaire

GÂTEAU

Ne soufflez pas !
Le gâteau vient d'avoir quatre ans.

Valère Novarina

GIRAFE

Oh ! la girafe,
quel air de grâce,
et quel grand air !

Paul Fort

GLACE

Devant la glace on n'est pas seul
Mais il n'y a qu'une voix
Et deux bouches qui rient.

Pierre Reverdy

GRENOUÏLLE

La petite grenouille verte
est fraîche comme une feuille.

Madeleine Ley

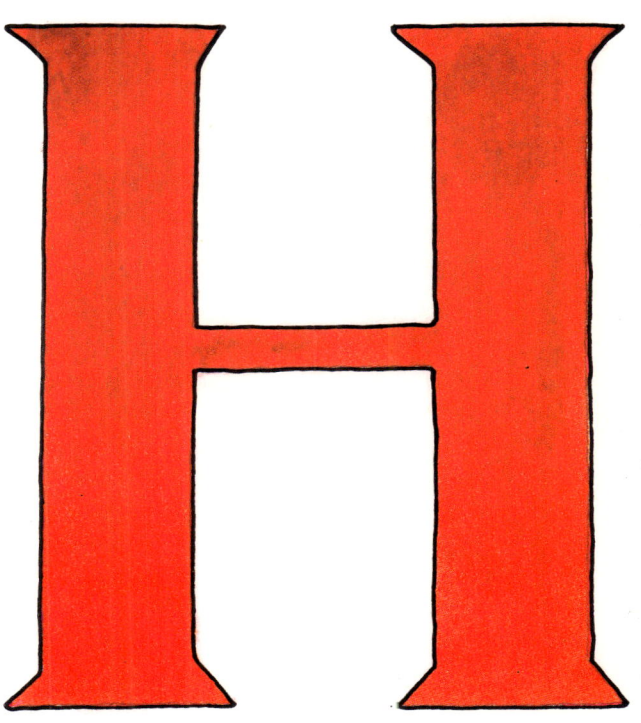

HERBE

Sur la planète du petit prince, il y avait
comme sur toutes les planètes,
de bonnes herbes
et de mauvaises herbes.

Antoine de Saint-Exupéry

HOMARD

Un homard,
c'est autre chose qu'un poisson!

Raymond Queneau

HUBLOT

Un hublot est une rondelle
de soleil.

Blaise Cendrars

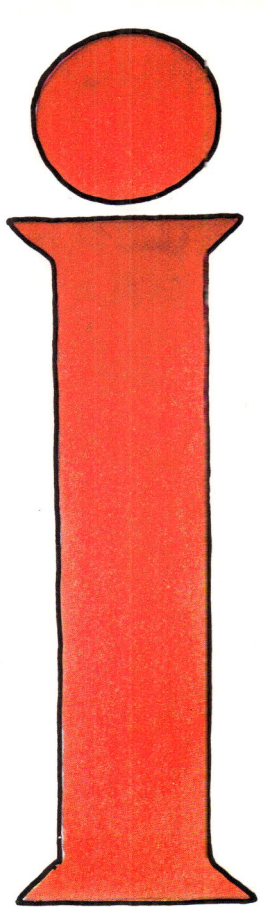

ÎLE

Il n'y a dans l'île
qu'une seule maison...
mais grande, agréable et commode.

Jean-Jacques Rousseau

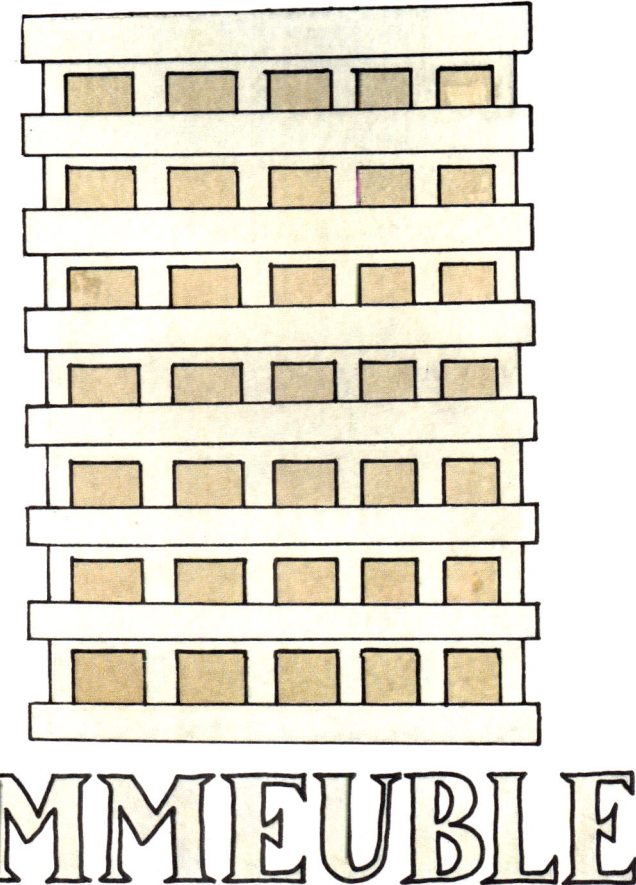

IMMEUBLE

Un jour on démolira
ces beaux immeubles si modernes...
on pulvérisera les frigidons
quand ces immeubles vieilliront.

Raymond Queneau

INSECTE

Sur la feuille des nénuphars,
un insecte à pattes fines.

Gustave Flaubert

JOUET

Petit papa Noël
Quand tu descendras du ciel
Avec des jouets par milliers
N'oublie pas mon petit soulier.

Raymond Vincy

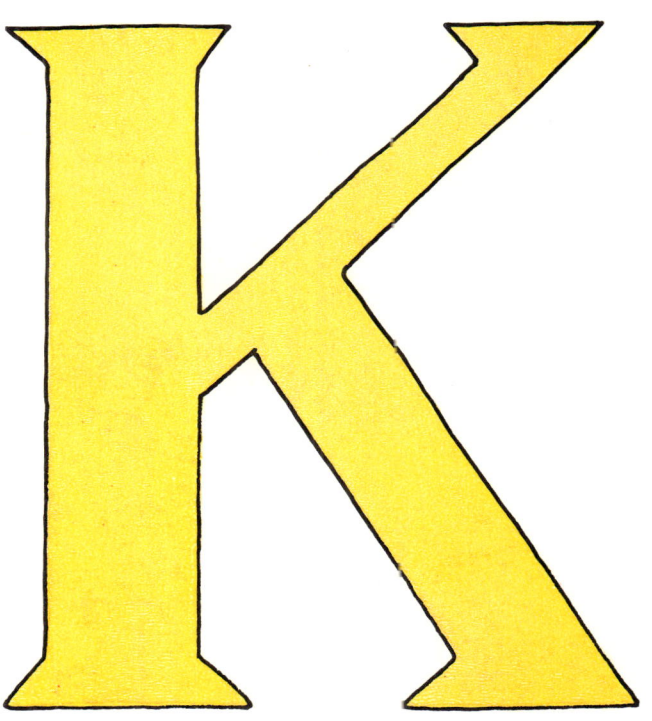

KÉPI

J'ai mis mon képi dans la cage
et je suis sorti avec l'oiseau
sur la tête.

Jacques Prévert

LAMPE

La clarté de la lampe
éblouissait la nappe.

Charles Péguy

LARME

C'est tellement mystérieux,
le pays des larmes.

Antoine de Saint-Exupéry

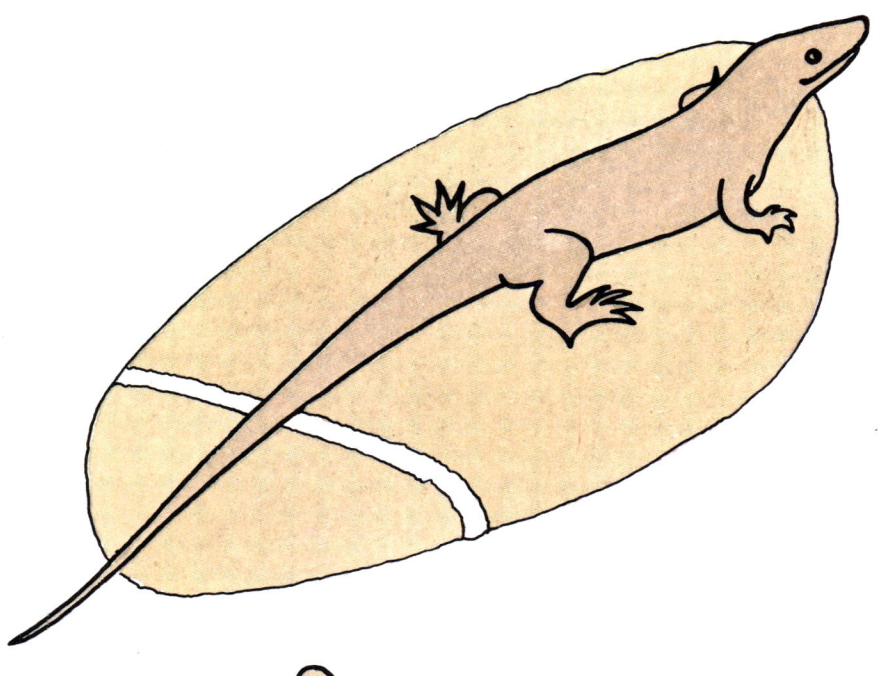

LÉZARD

Un lézard a jailli du perron
vers les roses du soleil.

Pierre Gamarra

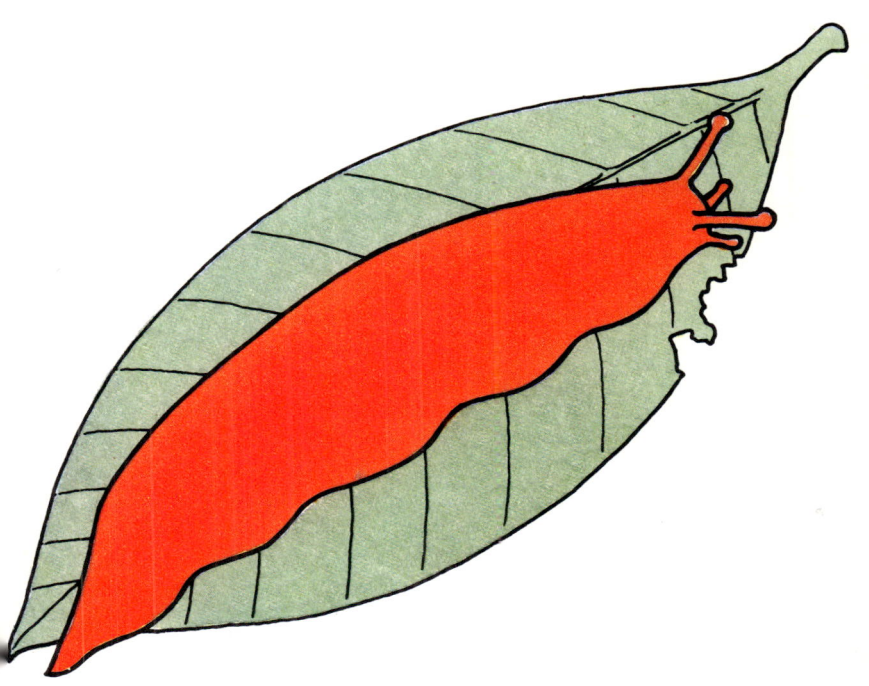

LIMACE

La limace était belle
en sa rouge fraîcheur.

Paul Fort

LION

Lion...
C'est que je m'appelle lion :
À cela l'on n'a rien à dire.

Jean de La Fontaine

LIT

Au lit on dort,
on pond des rêves
et des cauchemars !

Paul Gay

LIVRE

J'ai lu tous les livres.

Stéphane Mallarmé

LOCOMOTIVE

Les locomotives des rapides,
Précédant sans effort
quatre wagons jaunes à lettres d'or.

Valéry Larbaud

LUNE

Sur le clocher jauni,
La lune
Comme un point sur un i.

Alfred de Musset

MAIN

Mes chaudes mains, baigne-les
Dans les tiennes.

Paul Valéry

MAISON

Si j'étais riche,
j'aurais une petite maison,
une maison blanche
avec des contrevents verts.

Jean-Jacques Rousseau

MARIN

Marins, qui partez sur la mer
Avec un simple chant, la nuit,
sous les étoiles.

Émile Verhaeren

MARMITE

Dans la marmite ça ronronne
Ça n'arrête pas de ronronner.

René de Obaldia

MER

La mer,
la mer toujours recommencée!

Paul Valéry

MONTAGNE

Il me faut des torrents,
des rochers, des sapins,
des bois noirs,
des montagnes.

Jean-Jacques Rousseau

MUR

Étant donné un mur,
que se passe-t-il derrière?

Jean Tardieu

NEIGE

Il neige.
C'est la neige endormeuse
C'est la neige silencieuse
C'est la neige dans la nuit.

Jean Richepin

NID

Adieu la nuit
Tous les oiseaux du monde
Ont fait leur nid
Et chantent à la ronde

Guillaume Apollinaire

NUAGE

J'aime les nuages,
les nuages qui passent...
là-bas...là-bas...
les merveilleux nuages.

Charles Baudelaire

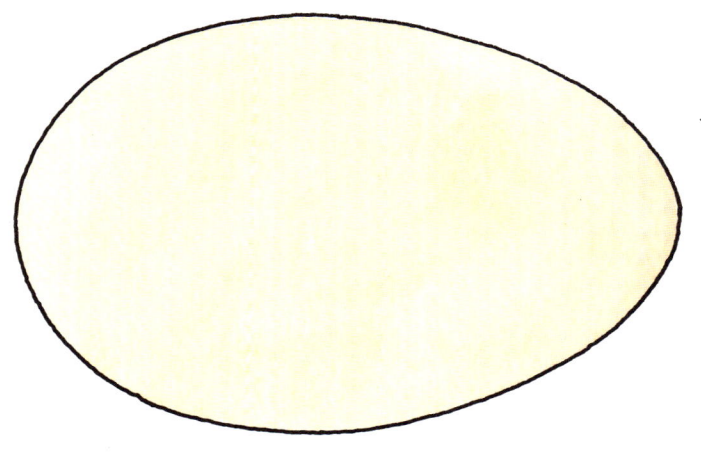

ŒUF

La cane de Jeanne,
est morte au gui l'an neuf,
elle avait fait merveille, la veille,
un œuf !

Georges Brassens

OIGNON

Quand les oignons me feront rire
les carottes me feront pleurer.

Jacques Prévert

De grands oiseaux passent dans l'air,
Ailes ouvertes.

Paul Bourget

OREILLE

Je veux que mon oreille soit
un coquillage qui garde tous les bruits
de la nature.

Jules Renard

ORÉILLER

Cher petit oreiller,
que je dors bien sur toi!

Marceline Desbordes-Valmore

PAIN

C'est si bon
la crème et le pain tout chaud !

Comtesse de Ségur

PANIER

Les fruits dorment, mouillés,
dans les paniers d'osier.

Luc Bérimont

PANTALON

Je suis une petite fille
Mais je mets des pantalons.

René de Obaldia

PAPILLON

Les papillons bleus, les papillons blancs,
Sur les prés mouillés et les blés tremblants
Vont battant des ailes.

Paul Bourget

PAQUET

Le paquet vient de Paris.
Mais qu'est-ce qu'il y a
dans le paquet ?

Comtesse de Ségur

PEAU

Ma peau brille au soleil.

Paul Fort

PERROQUET

Sur les gazons
rougis par les fraises,
des perroquets verts
à tête jaune...

Chateaubriand

PHARE

Je tourne vire
Phare affolé
Mon beau navire
S'en est allé

Guillaume Apollinaire

PIPE

C'est un bonhomme de neige
Avec une pipe en bois.

Jacques Prévert

PISSENLIT

Les fleurs de pissenlit
s'étoilent.

Robert Desnos

PLAT

Il y avait un plat en faïence
qui était dans la maison
depuis cent ans
et auquel les parents tenaient beaucoup.

Marcel Aymé

PLATEAU

Sophie a enlevé du plateau
les six tasses,
la théière, le sucrier
et le pot à crème en argent.

Comtesse de Ségur

PLUME

Un cavalier à plume blanche
qui galope sur un cheval noir.

Gustave Flaubert

POISSON

Le poisson était frais.
Je m'en suis léché les babines.

Eugène Ionesco

POMME

L'odeur de mon pays
Était dans une pomme.

Lucie Delarue-Mardrus

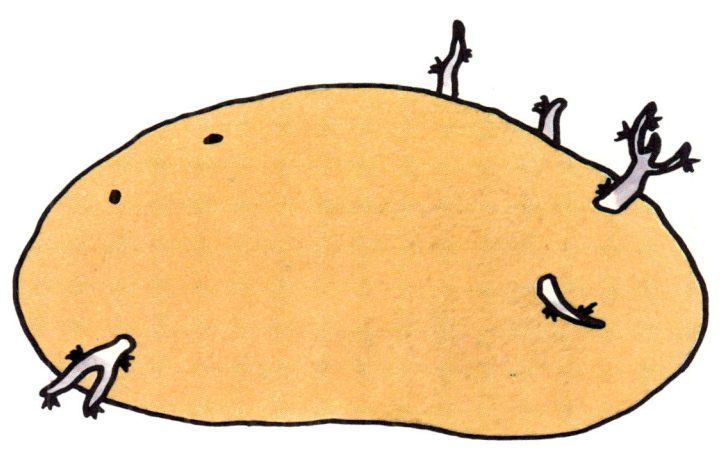

POMME DE TERRE

Les pommes de terre
sont très bonnes avec le lard.

Eugène Ionesco

PONT

L'eau sous le vieux pont
Coule, coule et chante.

Max Jacob

PORT

Je vois un port rempli de voiles et de mâts
Encor tout fatigués par la vague marine.

Charles Baudelaire

PORTE

La porte se ferme
Il fait mauvais temps.

Pierre Reverdy

POT

Le lait est dans le pot
au calme et sans poisson.

Valère Novarina

POULE

Du côté du pré,
il vit arriver dans la cour
une petite poule blanche.

Marcel Aymé

POULET

Tiens, j'ai faim.
Je vais mordre dans cet oiseau.
C'est un poulet, je crois.

Alfred Jarry

POUPÉE

La plus jolie poupée
qu'elle eût jamais vue :
les joues étaient roses
avec de petites fossettes,
les yeux bleus et brillants.

Comtesse de Ségur

QUAI

J'étais sur le quai,
elle dans le train;
le train est parti
et je suis resté
debout sur le quai.

Jean Tardieu

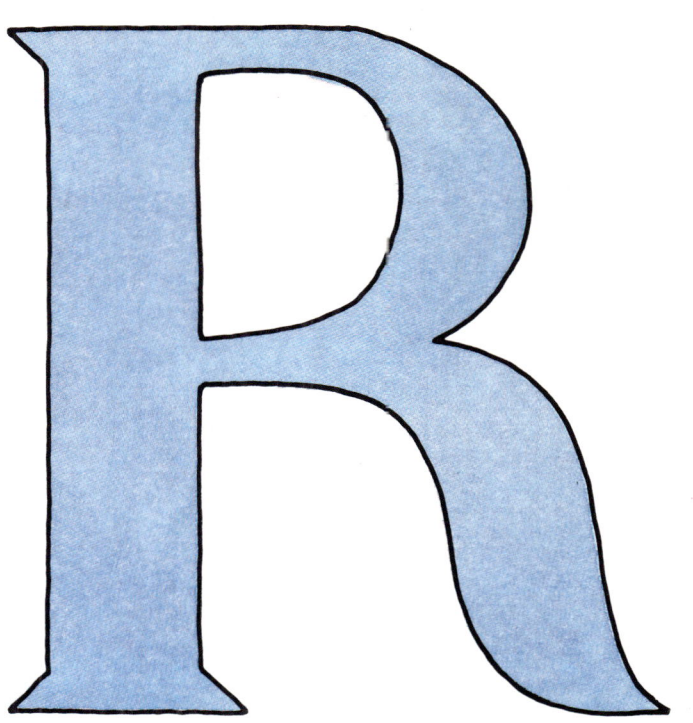

RADIS

Les radis, c'est pour croquer
entre deux baisers.

Jean Cayrol

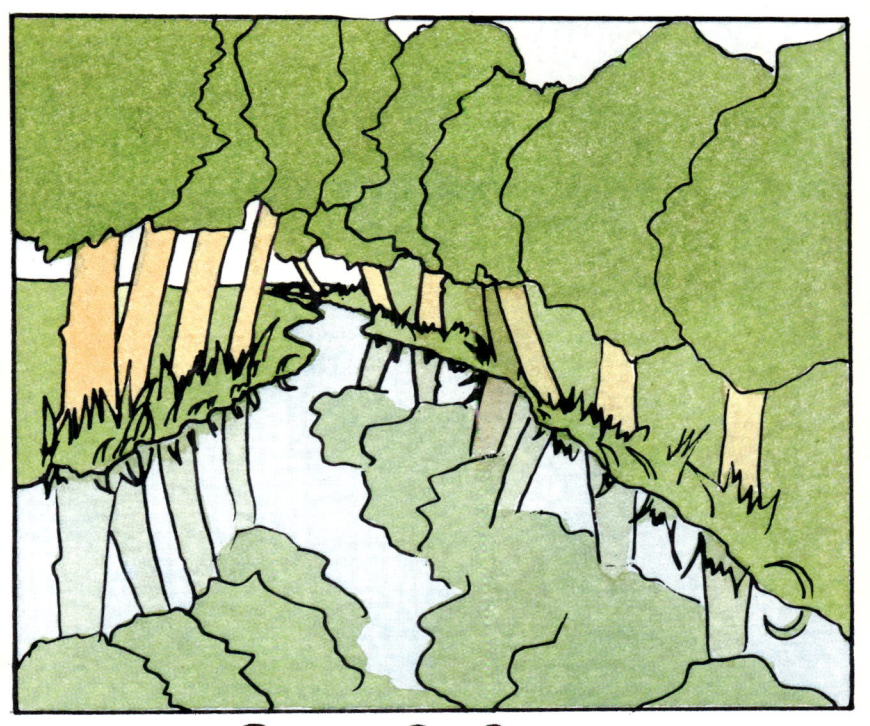

RIVIÈRE

Rivières ombragées par les arbres,
Effleurées par l'aile des oiseaux,
Eau pure, eau pure, vous me lavez.

Robert Desnos

ROBE

Une simple robe en percale blanche,
décolletée
et à manches courtes.

Comtesse de Ségur

ROSE

J'ai cueilli la rose en branche
Au soleil de l'été.

Robert Desnos

ROUTE

La route est immobile
et droite devant toi.

Pierre Reverdy

RUBAN

Un petit ruban
couleur de rose et argent...

Jean-Jacques Rousseau

RUE

Les rues où j'allais faire les courses,
les chemins qu'on prenait
si le temps était beau...

Marcel Proust

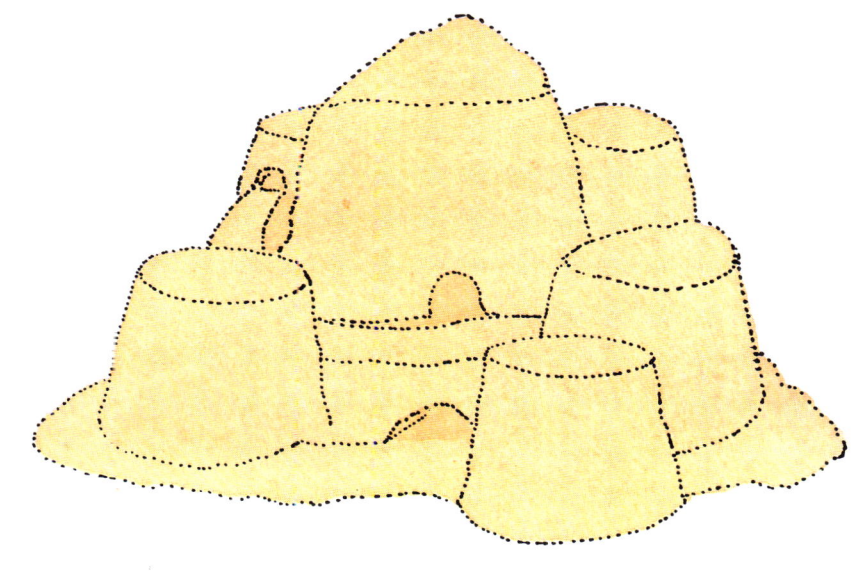

SABLE

J'ai vendu au marchand de sable
Ce château considérable.

Paul Claudel

SAC

Le voleur courant,
un grand sac sur le dos.

Robert Desnos

SAPIN

Les voilà,
ces sapins à la sombre verdure...

Alfred de Musset

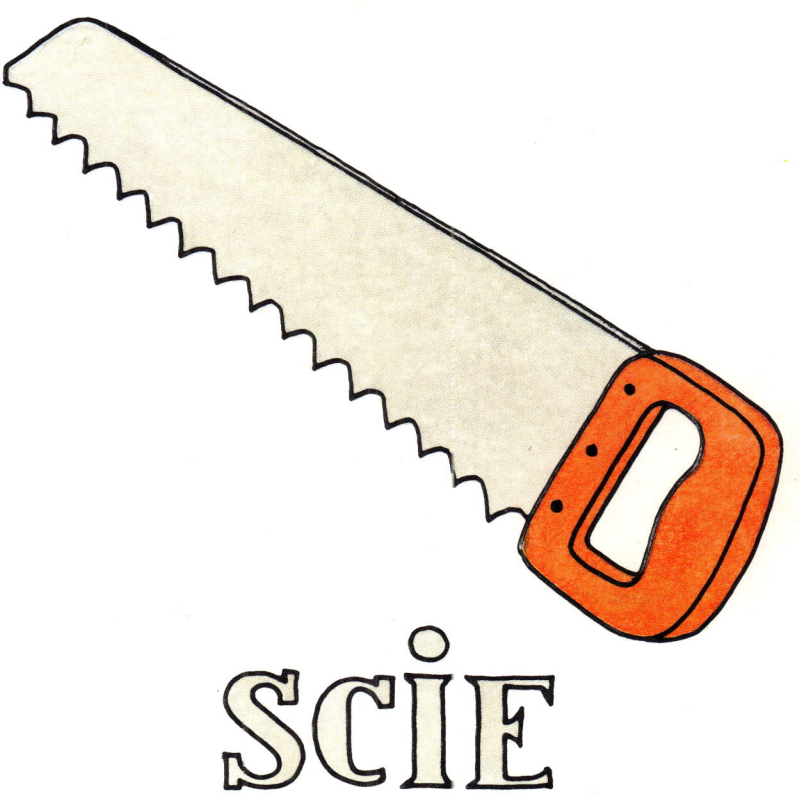

SCIE

La scie va dans le bois
Le bois est séparé
Et c'est la scie
Qui a crié.

Eugène Guillevic

Ah! le ski, c'est exquis,
je me demande bien ce qui
est plus commode que le ski.

Pierre Gamarra

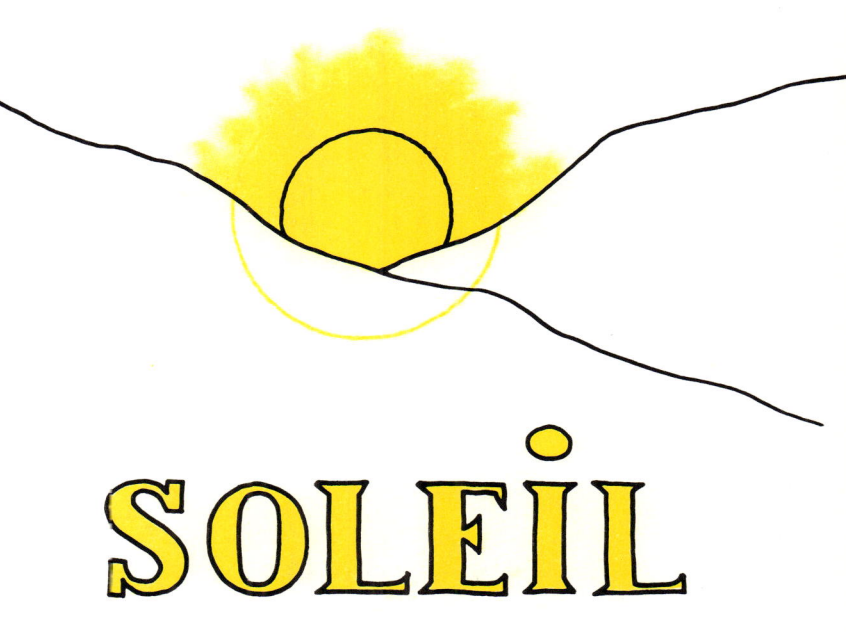

SOLEIL

Éclatant, le soleil surgit :
C'est le matin !

Paul Verlaine

SOURIS

Dame souris trotte,
Noire dans le gris du soir
Dame souris trotte
Grise dans le noir.

Paul Verlaine

TABLE

Un ange met sur ma table
Le pain tendre, le lait plat.

Paul Valéry

TABLIER

Que les tabliers
gonflent, gonflent, gonflent,
Que les tabliers
gonflent sous le vent !

Paul Fort

TAPIS

Pomme de reinette et pomme d'api
Tapis tapis rouge
Pomme de reinette et pomme d'api
Tapis tapis gris.

comptine populaire

TARTINE

Personne pour nous déranger
Allons voir le garde-manger
On m'a parlé d'une tartine
Là-dedans qui se ratatine.

Paul Claudel

TERRE

La terre tout court
La terre toute ronde.

Robert Desnos

TOUR

C'était une haute tour ronde,
toute seule au coin du bois.

Victor Hugo

TRAIN

Je connais tous les horaires
Tous les trains et leurs correspondances
L'heure d'arrivée l'heure du départ.

Blaise Cendrars

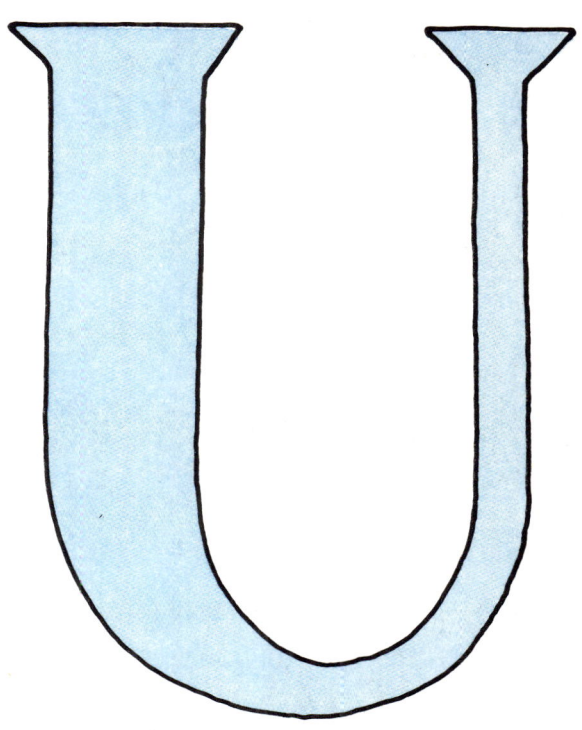

USINE

Bonjour monsieur.
Comment va madame votre grand-mère?
Et l'usine?
Arrivez-vous
à trouver les matières premières?

André Spire

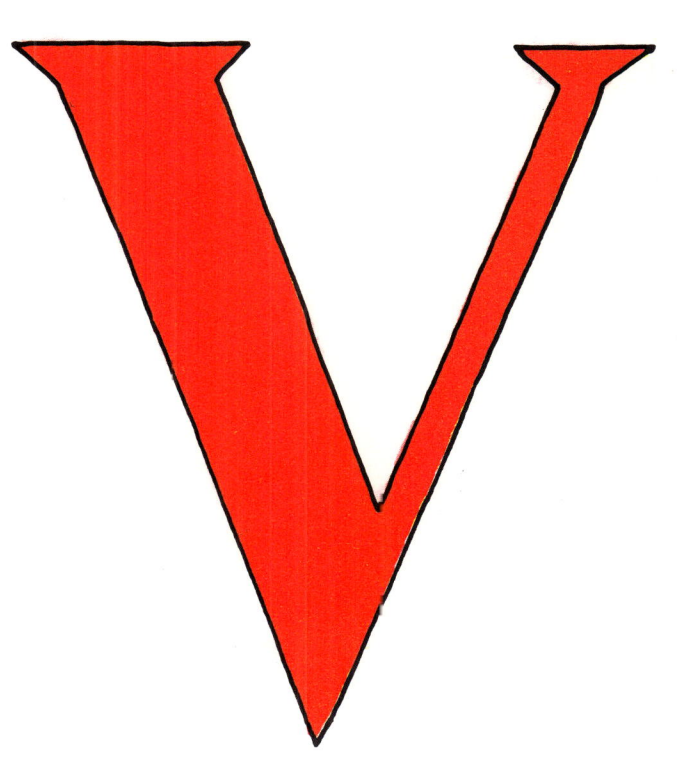

VACHE

Une vache était là,
tout à l'heure arrêtée,
Superbe, énorme, rousse
et de blanc tachetée.

Victor Hugo

VILLAGE

Quand reverrai-je, hélas,
de mon petit village
Fumer la cheminée ?

Joachim Du Bellay

VOÏLE

Le vent,
le vent gonfle la voile des navires.

Robert Desnos

VOITURE

C'était une voiture jaune,
montée sur des roues jaunes.

Guy de Maupassant

VOLCAN

Volcans, brûlez la mer
des feux de votre cœur !

Paul Fort

WAGON

Le wagon traverse des déserts rouges
et des déserts blancs.

Blaise Cendrars

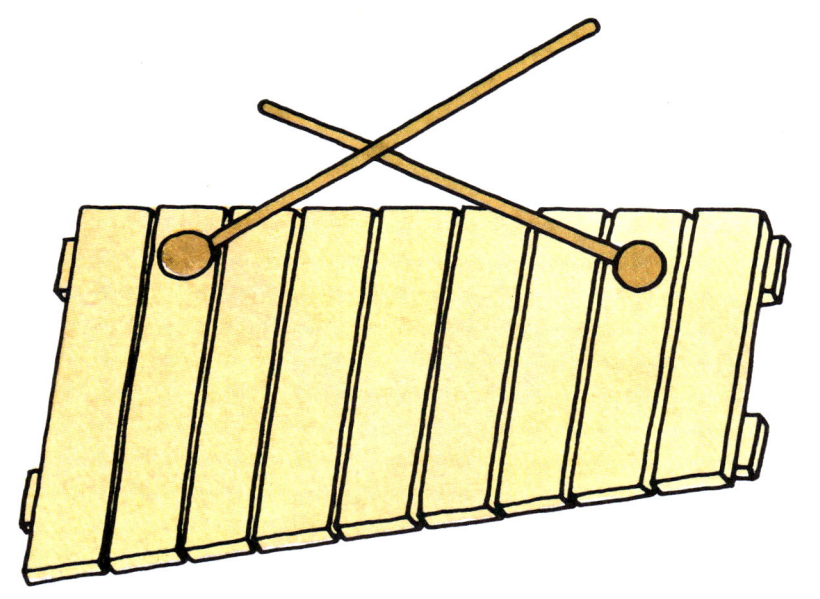

XYLOPHONE

Un xylophone
Sonne
Comme un téléphone
Mais il n'y répond personne.

Julie Gay

YAOURT

C'est un grand spécialiste en yaourt.
Il est diplômé de l'école
des fabricants de yaourt.

Eugène Ionesco

ZÈBRE

Le zèbre au zoo bronzait.

Agnès Rosenstiehl

ISBN 2-03-651210-0

IMPRIMERIE HERACLIO FOURNIER, VITORIA. Dépôt Légal mars 1985.
IMPRIMÉ EN ESPAGNE *(Printed in Spain).* - 651.210
Nº Série Éditeur 12566